Name _____

Skill: Short vowel

Does it
sound y
Circle y

yes   no

yes   no

yes   no

yes   no

yes   no

yes   no

yes   no

yes   no

yes   no

yes   no

yes   no

I

Name _____

Say the name of each picture.
Write the vowel sound you hear.

2

Name _____

Color the pictures that have the same vowel sound as green.

Color the other pictures yellow.

Name _____

Write the letter **a** if the picture has the same vowel sound as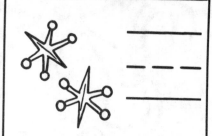

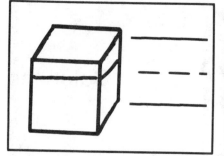

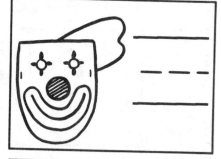

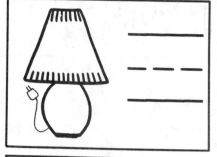

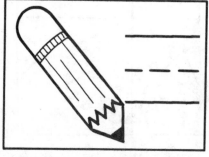

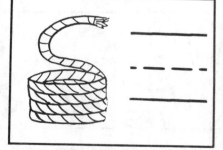

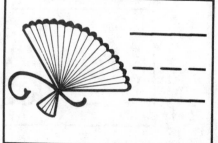

FS-2657 Phonics Workbook-Vowels

Name _____

Does it have the same vowel sound you hear in **pig**? Circle yes or no in each box.

yes   no

yes   no

yes   no

yes   no

yes   no

yes   no

yes   no

yes   no

yes   no

yes   no

6
yes   no

     FS-2657   Phonics Workbook-Vowels

Name _____

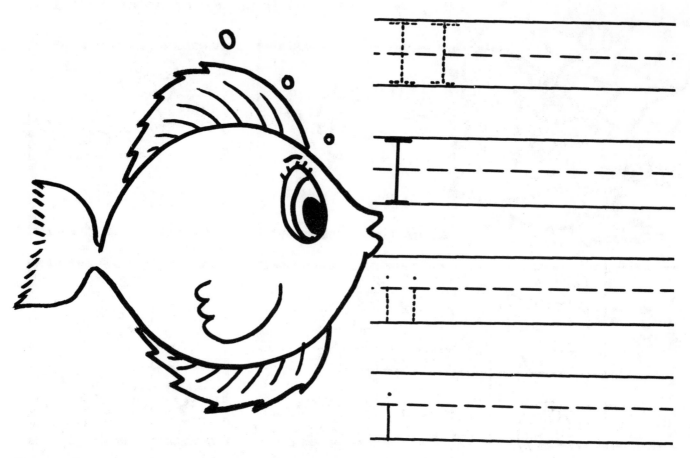

Say the name of each picture.
Write the vowel sound you hear.

   FS-2657 Phonics Workbook-Vowels

Name _____

Color the pictures that have the same vowel sound as  brown.

Color the other pictures red.

FS-2657 Phonics Workbook-Vowels

Name _____

Write the letter **i** if the picture has the same vowel sound as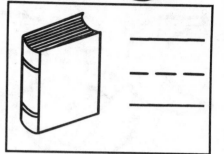

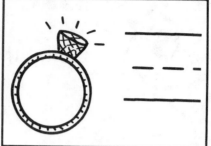 _ _ _ _ _

 _ _ _ _ _

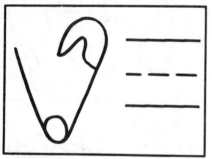 _ _ _ _ _

 _ _ _ _ _

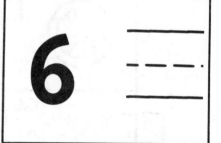 _ _ _ _ _

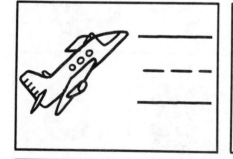 _ _ _ _ _

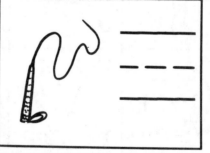 _ _ _ _ _

 _ _ _ _ _

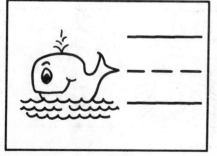 _ _ _ _ _

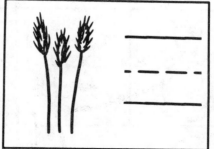 _ _ _ _ _

 _ _ _ _ _

8

FS-2657 Phonics Workbook-Vowels

Name _____

 a    i

Say the name of each picture.
Write the vowel sound you hear.

©Frank Schaffer Publications, Inc.   FS-2657 Phonics Workbook-Vowels

Name _____

Does it have the same vowel sound you hear in **bug**? Circle yes or no in each box.

yes   no

yes   no

yes   no

yes   no

yes   no

yes   no

yes   no

yes   no

yes   no

yes   no

yes   no

10

Name _____

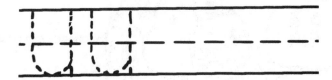

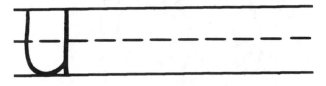

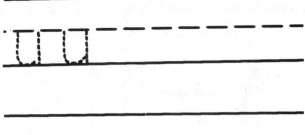

Say the name of each picture.
Write the vowel sound you hear.

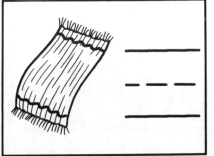

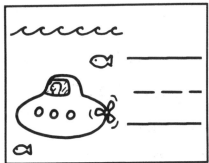

Skill: Short vowel u

Color the pictures that have the same vowel sound as  yellow.

Color the other pictures purple.

Name _____   Skill: Short vowel u

Write the letter **u** if the picture has the same vowel sound as

 _____

 _____

 _____

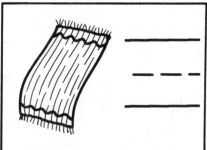 _____

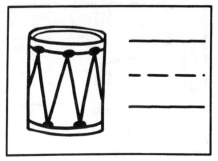 _____

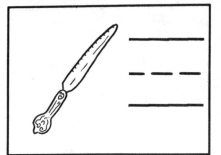 _____

 _____

 _____

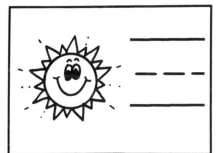 _____

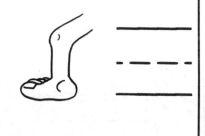 _____

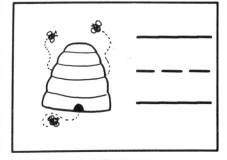 _____

 _____

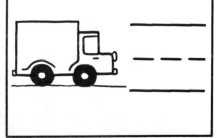 _____

FS-2657 Phonics Workbook-Vowels

Name _____

 **i**

 **u**

Say the name of each picture.
Write the vowel sound you hear.

©Frank Schaffer Publications, Inc.   FS-2657 Phonics Workbook-Vowels

Name _____

 **a**    **u**

Say the name of each picture.
Write the vowel sound you hear.

          FS-2657 Phonics Workbook-Vowels

 a    i    u

Say the name of each picture.
Write the vowel sound you hear.

 _____    _____    _____

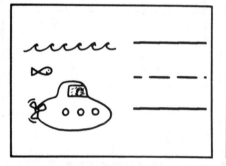 _____    _____   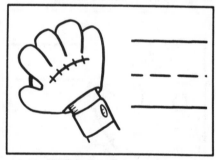 _____

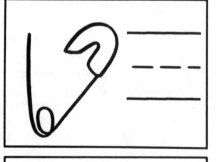 _____   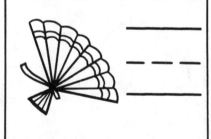 _____    _____

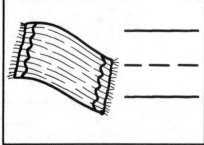 _____   6 _____    _____

Name _____

Say the name of each picture.
Write the vowel sound you hear.

6 a i u	 a i u	 a i u
 a i u	 a i u	 a i u
 a i u	 a i u	 a i u
 a i u	 a i u	 a i u
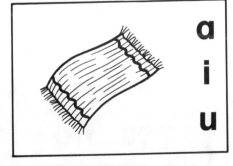 a i u	 a i u	 a i u

FS-2657 Phonics Workbook-Vowels

Name _____

Does it have the same vowel sound you hear in **hen**? Circle yes or no in each box.

yes   no

yes   no

yes   no

yes   no

yes   no

yes   no

yes   no

yes   no

yes   no

yes   no

yes   no

18

FS-2657 Phonics Workbook-Vowels

Name _____

Say the name of each picture.
Write the vowel sound you hear.

 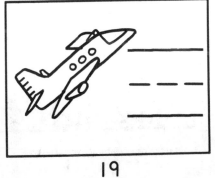 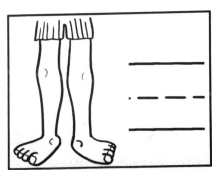

FS-2657   Phonics Workbook-Vowels

Skill: Short vowel e

Color the pictures that have the same vowel sound as  blue.

Color the other pictures orange.

Name _____

Write the letter **e** if the picture has the same vowel sound as

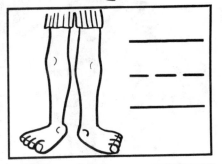

q _ _ _ _ _

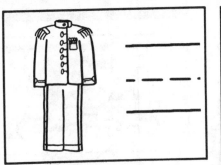

10 _ _ _ _ _

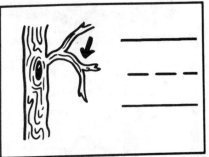

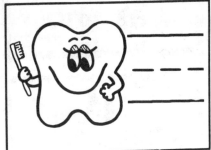

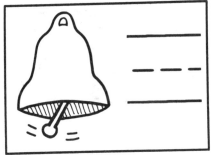

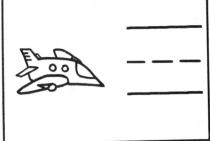

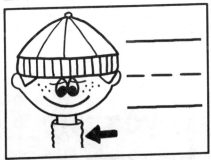

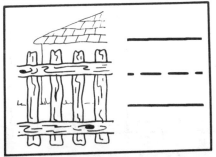

21

Name _____

Does it have the same vowel
sound you hear in **dog**?
Circle yes or no in each box.

yes   no

yes   no

yes   no

yes   no

yes   no

yes   no

yes   no

yes   no

yes   no

yes   no

yes   no

22

Say the name of each picture.
Write the vowel sound you hear.

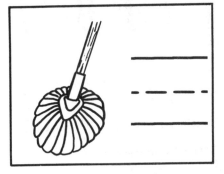

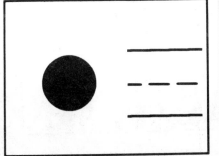

23

Name _____

Color the pictures that have the same vowel sound as  red.

Color the other pictures green.

FS-2657 Phonics Workbook-Vowels

Name _____

Write the letter **o** if the picture has the same vowel sound as

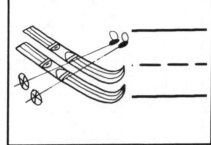

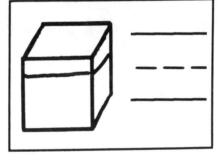

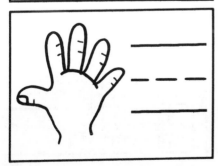

25

FS-2657 Phonics Workbook-Vowels

Say the name of each picture.
Write the vowel sound you hear.

Name _____

Say the name of each picture.
Write the vowel sound you hear.

 **o**
e

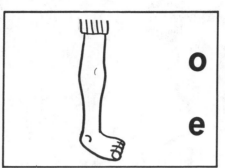 **o**
e

 **o**
e

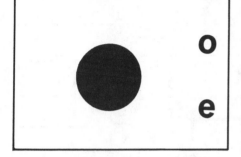 **o**
e

 **o**
e

 **o**
e

 **o**
e

 **o**
e

 **o**
e

 **o**
e

 **o**
e

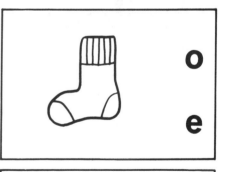 **o**
e

 **o**
e

 **o**
e

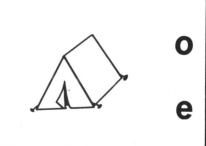 **o**
e

FS-2657   Phonics Workbook-Vowels

Color the pictures that have the same vowel sound as yellow.

Color the pictures that have the same vowel sound as purple.

Color the pictures that have the same vowel sound as 🔔 yellow.

Color the pictures that have the same vowel sound as 🐱 blue.

Name _____

a

i

o

Say the name of each picture.
Write the vowel sound you hear.

 _ _ _ _ _ _

 _ _ _ _ _ _

 _ _ _ _ _ _

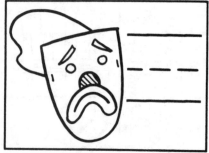 _ _ _ _ _ _

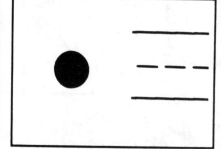 _ _ _ _ _ _

 _ _ _ _ _ _

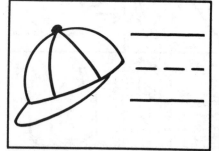 _ _ _ _ _ _

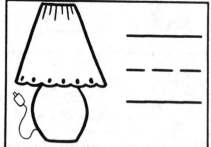 _ _ _ _ _ _

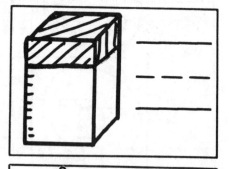 _ _ _ _ _ _

 _ _ _ _ _ _

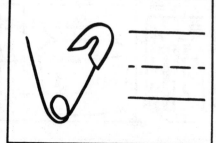 _ _ _ _ _ _

 _ _ _ _ _ _

Name _____

 **a**  **e**  **u**

Say the name of each picture.
Write the vowel sound you hear.

 _____

 _____

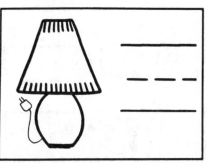 _____

 _____

 _____

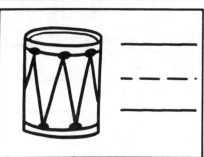 _____

 _____

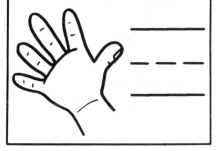 _____

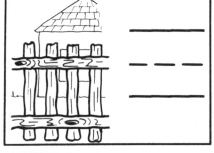 _____

 _____

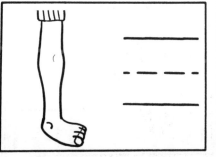 _____

 _____

31

Name _____

a   e   i   o   u

Say the name of each picture.
Write the vowel sound you hear.

 _ _ _ _ _ _

 _ _ _ _ _ _

 _ _ _ _ _ _

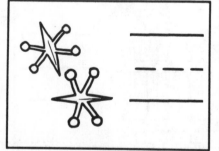 _ _ _ _ _ _

 _ _ _ _ _ _

 _ _ _ _ _ _

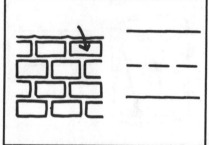 _ _ _ _ _ _

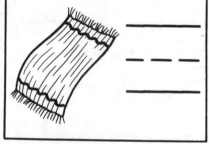 _ _ _ _ _ _

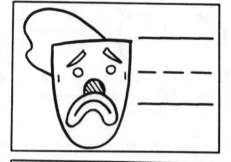 _ _ _ _ _ _

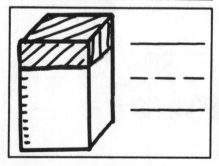 _ _ _ _ _ _

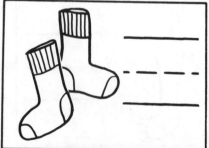 _ _ _ _ _ _

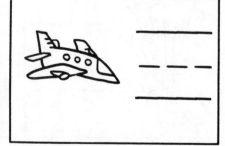 _ _ _ _ _ _

         FS-2657 Phonics Workbook-Vowels

Name _____

Say the name of each picture.
Write the vowel sound you hear.

6 a e i	 e i a	 e u o
 a e i	 u o e	 o e a
 a e i	 i a e	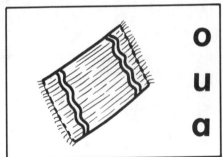 o u a
 a e i	 a i e	 e i a
img_3 drum u o i	 u o e	 e a u

33
FS-2657   Phonics Workbook-Vowels

Name _____

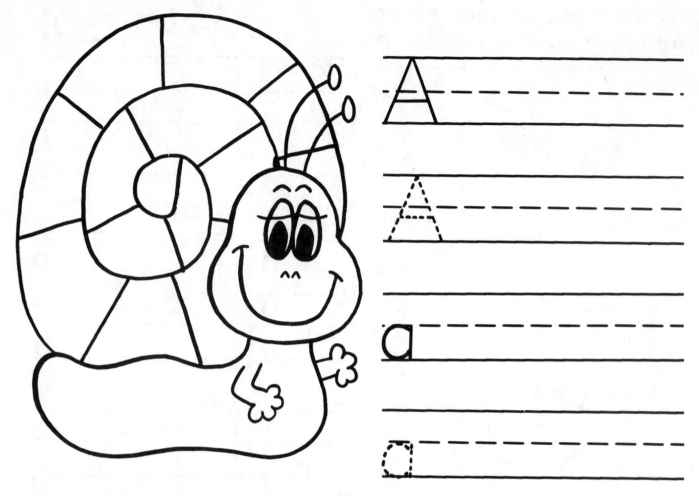

Say the name of each picture.
Write the vowel sound you hear.

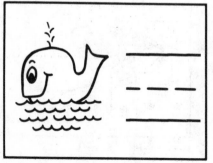 _____

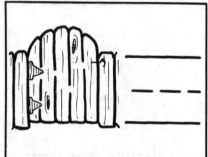 _____

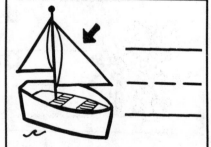 _____

 _____

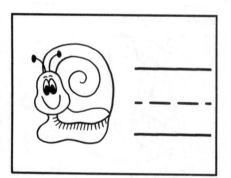 _____

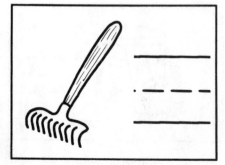 _____

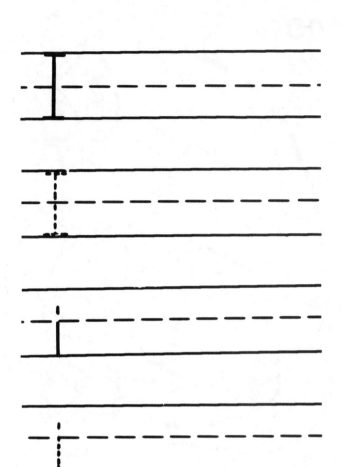

Say the name of each picture.
Write the vowel sound you hear.

 _____

 _____

 _____

5 _____

_____

_____

FS-2657   Phonics Workbook-Vowels

Name _____

toad

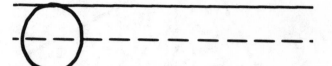

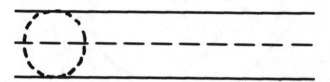

Say the name of each picture.
Write the vowel sound you hear.

 _ _ _ _ _ _

 _ _ _ _ _ _

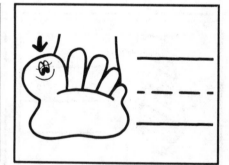 _ _ _ _ _ _

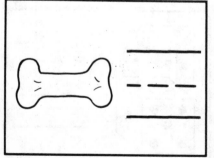 _ _ _ _ _ _

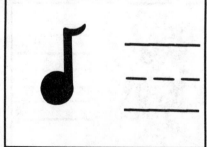 _ _ _ _ _ _

 _ _ _ _ _ _

Name _____

Review: Long vowels i, o

 i

 o

Say the name of each picture.
Write the vowel sound you hear.

Name _____

Review: Long vowels a, i, o

Write the long vowel **a, i** or **o.**

p_pe　　**sk_tes**　　**r_pe**　　**pr_ce**　　**w_ve**

- -

_____

sn_ke　　**n_se**　　**p_e**　　**g_at**　　**gl_be**

- -

_____

s_il　　**d_ce**　　**n_ne**　　**c_ne**　　**c_ge**

- -

_____

©Frank Schaffer Publications, Inc.　　　　38　　　　FS-2657 Phonics Workbook-Vowels

Name _____

bugle

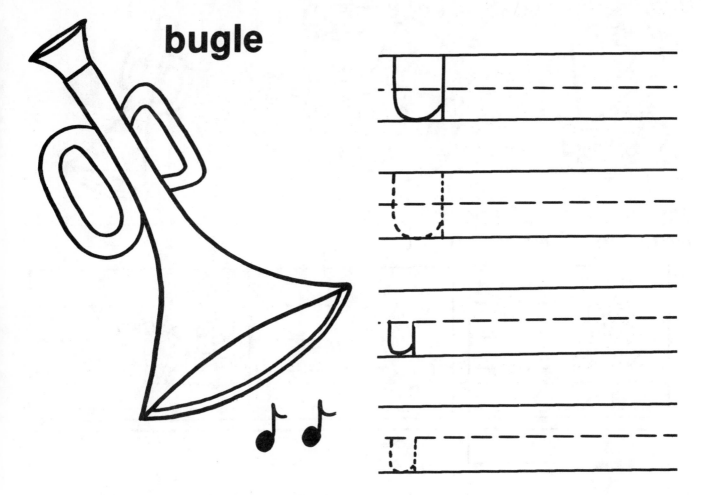

Say the name of each picture.
Write the vowel sound you hear.

39

Name _____

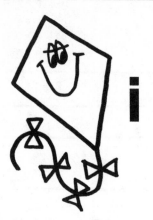 i
 o
 u

Say the name of each picture.
Write the vowel sound you hear.

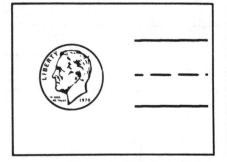 _ _ _ _

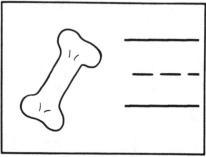 _ _ _ _

 _ _ _ _

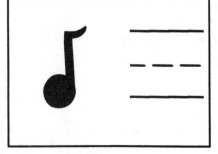 _ _ _ _

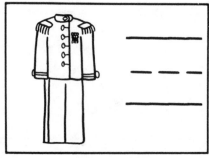 _ _ _ _

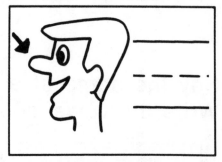 _ _ _ _

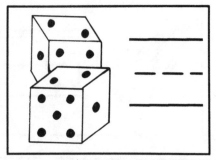 _ _ _ _

 _ _ _ _

 _ _ _ _

 _ _ _ _

 _ _ _ _

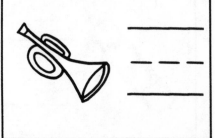 _ _ _ _

40

Name _____

Write the long vowel **a, o** or **u.**

b_gle

_____
- - - - - - - - -
_____

b_ne

_____
- - - - - - - - -
_____

ch_in

_____
- - - - - - - - -
_____

c_mb

_____
- - - - - - - - -
_____

r_ler

_____
- - - - - - - - -
_____

b_by

_____
- - - - - - - - -
_____

n_tes

_____
- - - - - - - - -
_____

c_be

_____
- - - - - - - - -
_____

fr_it

_____
- - - - - - - - -
_____

sm_ke

_____
- - - - - - - - -
_____

t_e

_____
- - - - - - - - -
_____

g_te

_____
- - - - - - - - -
_____

r_ke

_____
- - - - - - - - -
_____

m_il

_____
- - - - - - - - -
_____

c_at

_____
- - - - - - - - -
_____

41

 Yes

Cut out the pictures.
Paste them in the
right places.

No

e

e

e

e

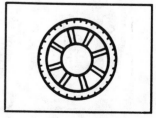

Name _____

E _____

E ------------

e ------------

e ------------

Say the name of each picture.
Write the vowel sound you hear.

Name _____

a

e

Say the name of each picture.
Write the vowel sound you hear.

Name _____

Write the long vowel **a**, **e** or **i**.

b__   **gr_pes**   **d_me**   **v_ne**   **wh__l**

c_ke   **kn_fe**   **5**   **f_ve**   **k_y**   **sh__p**

tr__   **fr_me**   **r_in**   **s_gn**   **n_ils**

FS-2657 Phonics Workbook-Vowels

Name _____

a   e   i   o   u

Say the name of each picture.
Write the vowel sound you hear.

46

FS-2657   Phonics Workbook-Vowels

Name _____

Write the long vowel for each picture.

pl_te   r_ler   n_se   b_gle   r_pe

c_ne   kn__   sn_il   s_al   pr_ze

k_te   wh_le   c_be   l_af   l_ght

47

FS-2657 Phonics Workbook-Vowels

Name _____

Say the name of each picture.
Write the vowel sound you hear.

	a e i	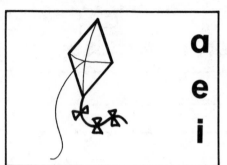 a e i	 e i o
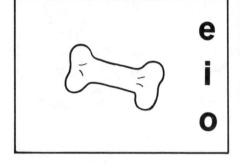 e i o	 a e u	 e i o
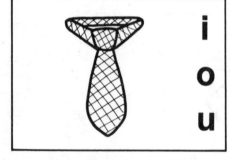 i o u	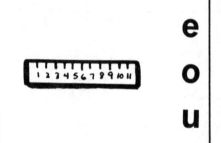 e o u	 a e u
 a e u	 a e i	**5** a u i
 e i a	 u a o	 e i u

FS-2657   Phonics Workbook-Vowels